AF137039

Für Anne, Rike, Lena, Franziska,
Helena, Philipp und Yalda

Und natürlich für Pedro,
Fuchur, Fex und Psyllo

Reihe »Carl-Auer Kids«,
hrsg. von Christel Rech-Simon

Umschlag und Satz: Heinrich Eiermann

Printed in Poland
Druck und Bindung: Dimograf Sp.z.o.o.

Erste Auflage, 2020
ISBN 978-3-96843-007-2
© 2020 Text Karl L. Holtz, Illustrationen Pascale Vervenne
© der deutschen Ausgabe 2020 Carl-Auer-Systeme Verlag
und Verlagsbuchhandlung GmbH, Heidelberg
Alle Rechte vorbehalten

Bibliografische Information der Deutschen Nationalbibliothek:
Die Deutsche Nationalbibliothek verzeichnet diese Publikation
in der Deutschen Nationalbibliografie; detaillierte bibliografische
Daten sind im Internet über http://dnb.d-nb.de abrufbar.

Besuchen Sie uns auf unserer Website: www.carl-auer.de.
Dort können Sie auch unseren Newsletter abonnieren.

Carl-Auer Verlag GmbH
Vangerowstraße 14
69115 Heidelberg
Tel. +49 6221 64 38-0
E-Mail: info@carl-auer.de

Karl L. Holtz • Pascale Vervenne

Meine Schwester
NORA

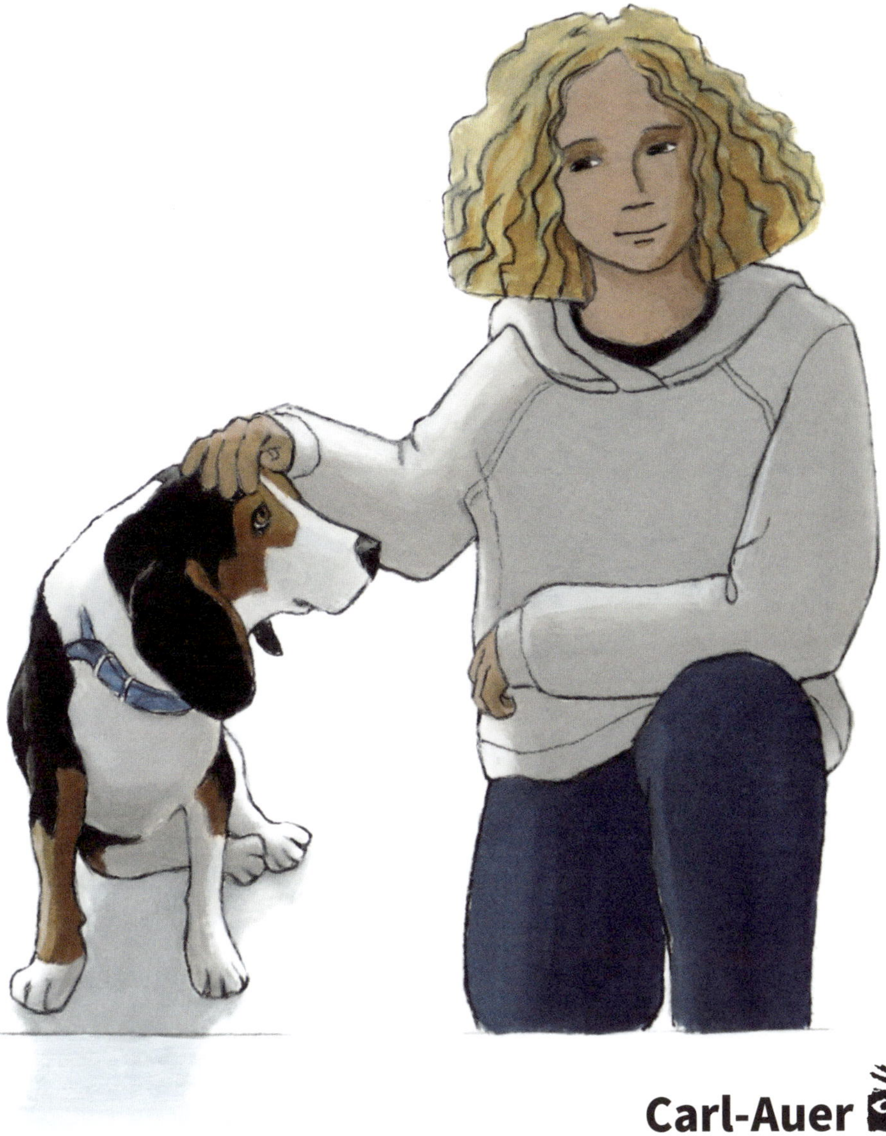

Es ist gut, darüber zu reden.
Vor einigen Jahren waren wir in der Familie
sehr traurig. „Deine Schwester wird nicht
wieder zurückkommen", sagte mein Vater,
und meine Mutter weinte. Nora war in den
letzten Jahren nur selten zu Hause.
Mit ihren Hunden wohnte sie bei Freunden.
Sie war viel unterwegs.

Wenn sie mal nach Hause kam, sprach sie kaum mit meinen Eltern. Sie kam lieber zu mir ins Zimmer. Ich war wohl die Einzige, die ihre Hunde kraulen durfte. Meine Schwester strich mir über die Haare, und wenn ich ihr in die Augen schaute, waren sie oft feucht und gerötet.

Manchmal erzählte sie mir Geschichten von einem Fantasieland, in das sie im Traum mit ihren Hunden reiste. Da war es immer warm, und man konnte am Strand mit den Hunden herumtoben. Als ich später Papa davon erzählte, sagte er: „Ja, Fantasie macht stark, aber sie macht auch verletzlich."

Ich war damals noch im Kindergarten. Meine Freundinnen fragten manchmal, wo denn meine Schwester sei, aber ich wusste es nicht. Irgendwann sagte die Erzieherin: „Fragt Anna doch nicht immer, sie weiß es doch auch nicht! Es ist schon schlimm genug." Aber ich wusste nicht, was sie damit meinte.

Ich erinnere mich an sehr laute Gespräche zwischen Nora und meinen Eltern, und dann ging Nora. Es war viele Tage sehr still. Dann hörten meine Eltern, dass sie mit ihren Freunden in dem Ferienort gesehen

worden war, in dem wir früher häufig waren. Sie half dort bei der Weinernte. Wir hörten einen ganzen Winter gar nichts von ihr. Weihnachten waren wir alleine und traurig, und kurz vor Ostern sagte mein Vater dann: „Deine Schwester wird nicht mehr wiederkommen."

Meine beste Freundin

Meine beste Freundin ist meine große Schwester. Ich habe sie lange nicht gesehen. Ich durfte immer ihre Hunde streicheln. Sie muss wohl sehr stark gewesen sein, weil sie mit 16 Jahren schon allein von zu Hause weggegangen ist. Einmal hat sie mich im Winter, es wurde schon dunkel,

Neulich hat unsere Lehrerin uns gebeten, etwas darüber zu schreiben, was wir an unseren besten Freunden besonders gut finden. Ich habe mich gefragt, ob ich beste Freunde habe oder ob meine Schwester Nora nicht immer meine beste Freundin gewesen ist. Dann habe ich geschrieben …

auf den Friedhof mitgenommen. Wir haben die Kerzen, die der Wind ausgeblasen hat, wieder angezündet. Nora hat gesagt: „Es ist schön, Kerzen anzuzünden, wenn es kalt und dunkel wird." Das hat mir gefallen.

Jetzt bin ich bald so alt, wie Nora damals war. Ich habe meinen Eltern gesagt, ich möchte auch so stark sein wie Nora, und wir sollten doch wieder dort hinfahren, wo wir früher in Urlaub waren. „Das wird uns vielleicht sehr traurig machen", sagte meine Mutter, und mein Vater meinte: „Vielleicht ist es aber auch eine gute Idee, um wieder ganz stark zu werden."

Noch am Tag unserer Ankunft bin ich ins Dorf gegangen und habe die Orte besucht, an die ich mich erinnern konnte. Ich war auch auf dem Platz, wo immer die jungen Erntehelfer mit ihren Hunden sind.

Eigentlich wollte ich fragen, ob sie sich an Nora erinnern,
aber dann habe ich mich doch nicht getraut.

Heute Morgen habe ich aus dem Fenster unserer
Ferienwohnung geschaut, auf die Felsen in der Bucht.
Und dann kam es mir so vor, als ob da mitten in den Felsen
Fuchur, einer von Noras Hunden, liegen würde.

Mittags war ich in den Felsen und habe mich still hingesetzt.
Ich meine, ich hätte dort auch Fex, Noras anderen Hund, gesehen.
Nur undeutlich, als Schatten, aber er schien mir sehr lebendig.
Auf einmal war er wieder verschwunden.

„Nora hätte doch niemals ihre Hunde allein gelassen!", sagte ich zu meinen Eltern. „Kommt doch mit, ich zeige sie euch!" Mama und Papa lächelten. Das war das erste Mal seit Langem, dass sie das taten, wenn wir über Nora sprachen.

„Gut",
sagte Mama,
„dann gehen wir
morgen ganz früh
zu den Felsen und du
kannst uns alles zeigen."
Und Papa sagte: „Wir sehen
häufig Dinge, wenn wir es uns
nur ganz fest wünschen."

„Wir können dort bei Sonnenaufgang
frühstücken, das ist besonders schön. Vielleicht
kommen die Hunde ja, wenn wir ihnen etwas mitbringen.
Was mochte Fex? Was mochte Fuchur? Und was mochte
eigentlich Nora?", fragte ich.

„Ich glaube,
sie mochte es, wenn wir
mit ihr redeten ... und zum
Frühstück ein Schoko-Croissant.
Wir können uns ja dann auch etwas
erzählen", sagte Papa. „Dann sollten
wir auch Croissants mitnehmen, und
ein paar Kerzen", sagte ich.

„Ja, Kerzen sind tröstlich", sagte Mama.
„Wenn man Kerzen anzündet, ist es
auch gar nicht so kalt und dunkel."

„Seht ihr", sagte Papa,
„es wird wärmer, die Sonne
geht auf. Ich glaube, es wird
ein schöner Morgen."